すぐできる!

労働者の疲労蓄積度 自己診断チェックリスト

本人用・家族用

チェックリストについて

「労働者の疲労蓄積度自己診断チェックリスト」(以下「チェックリスト」という。)は、労働者がチェックリストの選択肢を選ぶことで簡単に自身の疲労度を測定できるものです。チェックリストはインターネット上でも公開され、過重労働による健康障害防止対策のツールとして広く活用されています。

働く人々を取り巻く情勢が大きく変化してきたことから、有識者の検討によりその内容が見直され、令和5年4月に新たなチェックリストが公表されました。

本冊子ではチェックリストの収録に加え、働く人々に向けた健康障害防止対策のポイントを紹介しています。

注:本チェックリストの回答結果は要配慮個人情報となりますので、事業者等が取得する場合は健康診断結果等と同様に保存のルールを定めて管理してください。

中央労働災害防止協会

労働者の疲労蓄積度自己診断チェックリスト (2023年改正版)

このチェックリストは、労働者の疲労蓄積を、自覚症状と勤務の状況から判定するものです。

| 記入者 | | 実施日 | 年 | 月 | 日 |

1　最近1か月間の自覚症状

各質問に対し、最も当てはまる項目の□に✓を付けてください。

		0点	1点	3点
（1）	イライラする	□ ほとんどない	□ 時々ある	□ よくある
（2）	不安だ	□ ほとんどない	□ 時々ある	□ よくある
（3）	落ち着かない	□ ほとんどない	□ 時々ある	□ よくある
（4）	ゆううつだ	□ ほとんどない	□ 時々ある	□ よくある
（5）	よく眠れない	□ ほとんどない	□ 時々ある	□ よくある
（6）	体の調子が悪い	□ ほとんどない	□ 時々ある	□ よくある
（7）	物事に集中できない	□ ほとんどない	□ 時々ある	□ よくある
（8）	することに間違いが多い	□ ほとんどない	□ 時々ある	□ よくある
（9）	仕事中、強い眠気に襲われる	□ ほとんどない	□ 時々ある	□ よくある
（10）	やる気が出ない	□ ほとんどない	□ 時々ある	□ よくある
（11）	へとへとだ（運動後を除く）※1	□ ほとんどない	□ 時々ある	□ よくある
（12）	朝、起きた時、ぐったりした疲れを感じる	□ ほとんどない	□ 時々ある	□ よくある
（13）	以前とくらべて、疲れやすい	□ ほとんどない	□ 時々ある	□ よくある
（14）	食欲がないと感じる	□ ほとんどない	□ 時々ある	□ よくある

※1　へとへと：非常に疲れて体に力がなくなったさま。

「自覚症状」の評価　▷　1点×□個　＋　3点×□個　＝　合計□点

当てはまる合計点数に○を付けてください。　0点〜2点 ▶ Ⅰ　　3点〜7点 ▶ Ⅱ　　8点〜14点 ▶ Ⅲ　　15点以上 ▶ Ⅳ

2　最近1か月間の勤務の状況

各質問に対し、最も当てはまる項目の□に✓を付けてください。

		0点	1点	3点
（1）	1か月の労働時間（時間外・休日労働時間を含む）	□ 適当	□ 多い	□ 非常に多い
（2）	不規則な勤務（予定の変更、突然の仕事）	□ 少ない	□ 多い	□ －
（3）	出張に伴う負担（頻度・拘束時間・時差など）	□ ない、または小さい	□ 大きい	□ －
（4）	深夜勤務に伴う負担 ※2	□ ない、または小さい	□ 大きい	□ 非常に大きい
（5）	休憩・仮眠の時間数および施設	□ 適切である	□ 不適切である	□ －
（6）	仕事についての身体的負担 ※3	□ 小さい	□ 大きい	□ 非常に大きい
（7）	仕事についての精神的負担	□ 小さい	□ 大きい	□ 非常に大きい

※2 深夜勤務の頻度や時間数などから総合的に判断してください。深夜勤務は、深夜時間帯（午後10時〜午前5時）の一部または全部を含む勤務をいいます。　※3 肉体的作業や寒冷・暑熱作業などの身体的な面での負担をいいます。

		0点	1点	3点
（8）	職場・顧客等の人間関係による負担	☐ 小さい	☐ 大きい	☐ 非常に大きい
（9）	時間内に処理しきれない仕事	☐ 少ない	☐ 多い	☐ 非常に多い
（10）	自分のペースでできない仕事	☐ 少ない	☐ 多い	☐ 非常に多い
（11）	勤務時間外でも仕事のことが気にかかって仕方ない	☐ ほとんどない	☐ 時々ある	☐ よくある
（12）	勤務日の睡眠時間	☐ 十分	☐ やや足りない	☐ 足りない
（13）	終業時刻から次の始業時刻の間にある休息時間※4	☐ 十分	☐ やや足りない	☐ 足りない

※4　これを勤務間インターバルといいます。

「勤務の状況」の評価 ▶ 1点 × ☐ 個 ＋ 3点 × ☐ 個 ＝ 合計 ☐ 点

当てはまる合計点数に○を付けてください。　　0点 ▶ Ⓐ　　1点～5点 ▶ Ⓑ　　6点～11点 ▶ Ⓒ　　12点以上 ▶ Ⓓ

3　総合判定

次の表を用い、「自覚症状」・「勤務の状況」の評価から、あなたの疲労蓄積度の点数を求めてください。

疲労蓄積度点数表		2 勤務の状況			
		Ⓐ	Ⓑ	Ⓒ	Ⓓ
1 自覚症状	Ⅰ	0	0	2	4
	Ⅱ	0	1	3	5
	Ⅲ	0	2	4	6
	Ⅳ	1	3	5	7

※糖尿病、高血圧症等の疾患がある方の場合は判定が正しく行われない可能性があります。

あなたの疲労蓄積度の点数 ☐ 点

	点数	疲労蓄積度
判定	0～1	低いと考えられる
	2～3	やや高いと考えられる
	4～5	高いと考えられる
	6～7	非常に高いと考えられる

疲労が蓄積されている可能性があります。

【 テレワーク時に心がけること 】

※テレワーク：在宅勤務、モバイル勤務、サテライトオフィス勤務など

　情報通信技術の発達に伴って、現在の働き方は働く時間と場所がとても柔軟になりました。その代表的な働き方がテレワークです。テレワークでは自宅等で働くことができるので通勤による負担が軽減されます。さらに、子供の送迎や通院等の私的な用事も済ませやすくなるため、個々の労働者にとっては労働時間に対する裁量度の高い働き方です。

　一方、テレワークは仕事とプライベートの境界線が曖昧になる働き方でもあり、長時間労働や疲労回復の側面で注意する必要があります。

　図に示した研究では、労働時間への裁量度と労働時間が不規則であるかどうかで4グループに分けて睡眠の質を調べました。その結果、裁量度が低いグループは不規則的でも規則的でも睡眠の質が悪い事が分かりました。しかし、裁量度が高いグループは、不規則的に働いている場合において睡眠の質が悪いという結果が示されています。

　つまり、この結果はテレワークで裁量度が高い働き方であっても、毎日、始業や終業の時刻がバラバラで働くことは睡眠の質を悪化させて疲労回復しにくくなるということを示唆しています。したがって、テレワークであっても、疲労回復の観点から、ある程度、規則的な働き方が望ましいということがいえます。

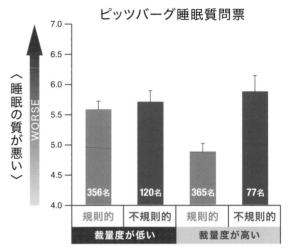

ピッツバーグ睡眠質問票

〈睡眠の質が悪い〉 WORSE

	規則的	不規則的	規則的	不規則的
	356名	120名	365名	77名
	裁量度が低い		裁量度が高い	

共変量：年齢、性別、勤務スケジュール、残業時間

図）労働時間に対する裁量度と不規則性からみた睡眠の質

Kubo et al. Effects on employees of controlling working hours and working schedules, Occupational Medicine, Volume 63, Issue 2, March 2013, Pages 148–151, https://doi.org/10.1093/occmed/kqs234

　さらに最近の研究から、「サイコロジカル・ディタッチメント（Psychological detachment／心理的距離）」という勤務時間外には仕事から心理的な距離を取ることが疲労回復には重要であることが分かってきました（Sonnentag S, 2012）。テレワークではオンとオフの境界線が曖昧になることから、心の健康を保ちながら働くために、勤務時間外にはできるだけ仕事から心理的な距離を取るサイコロジカル・ディタッチメントの考え方が重要です。

【 生活習慣で心がけること 】

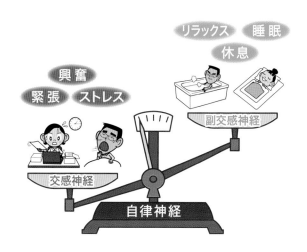

　長時間労働などの過重労働では、睡眠不足や食生活の乱れなどによって疲労が蓄積します。その結果、自律神経のバランスがくずれ交感神経が過度に緊張し、脳・心疾患やメンタルヘルス不調などの健康障害を引き起こします。近年では、終業時刻から次の始業時刻の間にある休息時間（勤務間インターバル）を十分確保することが、疲労を蓄積させないうえでとても大切であると考えられています。仕事が忙しい毎日であっても、まず睡眠や食事、運動の時間を確保できるように生活習慣を見直しましょう。

睡眠　睡眠時間が一日およそ5時間以下になると、健康障害のリスクが高まることが知られています。睡眠はなるべく6時間以上とることが望ましいです。また、疲労感を減らし十分な睡眠を確保するためには、生活リズムを大きくずらさないことが大切です。休日であっても、できるだけ平日と同じ時刻に起床するようにしましょう。日中に眠気を感じる場合は睡眠不足のサインです。そのような時は、15分程度の軽い昼寝（仮眠）をして作業効率の改善を図るとよいでしょう。良い睡眠を確保するためのヒントをより詳しく知りたい場合は、厚生労働省から出された「健康づくりのための睡眠指針2014〜睡眠12箇条〜」（左QRコードより）をご参照ください。

健康づくりのための
睡眠指針

食事　食事は、単に活力となる栄養をとるだけでなく、副交感神経に作用しリラックスさせる効果があるなど自律神経を整える役割も担っています。忙しい日常でも、食事の時間をきちんと確保するようにしましょう。

飲酒　"酒は百薬の長"といわれるように、適度な飲酒はリラックス効果もあり疲労を和らげてくれる効果もあります。ただし、過度な飲酒は、肝臓を傷めたり睡眠を浅くしたり、健康を害する危険性もあります。一回の飲酒量に気をつけること、また飲酒を控える日（いわゆる休肝日）を設けるなど工夫するとよいでしょう。

ストレス対処　仕事から心理的に離れる時間を持てるように、業務が終わったら、気分を切り替える機会をつくりましょう。気分を切り替える方法は、いろいろあります。例えば、仕事着から普段着に着替える、通勤時間を利用してリフレッシュする、自分の好きな趣味へ気持ちを向けるなど、あなたならではのやり方でよいでしょう。

身体活動　仕事が忙しいときには時間がとれず、歩いたり運動したり、いわゆる身体活動が低下しがちです。まとまって時間をとって身体を動かすことが難しい場合は、こま切れでも構いません。日常生活の中で、ちょっとした空き時間に散歩をする、ストレッチをする、エレベータではなく階段を使ってみるなど、こまめに身体活動を増やしていきましょう。

家族による労働者の疲労蓄積度チェックリスト (2023年改正版)

ご家族で働いている方（以下、ご家族）の最近の様子について、あなたから見た感じをお答えください。

| 記入者 | | 実施日 | 年 | 月 | 日 |

1 最近1か月間の疲労・ストレス症状

ご家族について、
各質問に対し、最も当てはまる項目の□に✓を付けてください。

（あなたから見て判定の難しい項目については、「ほとんどない」に✓を付けてください）

		0点	1点	3点
（1）	イライラしているようだ	□ ほとんどない	□ 時々ある	□ よくある
（2）	不安そうだ	□ ほとんどない	□ 時々ある	□ よくある
（3）	落ち着かないようだ	□ ほとんどない	□ 時々ある	□ よくある
（4）	ゆううつそうだ	□ ほとんどない	□ 時々ある	□ よくある
（5）	体の調子が悪そうだ	□ ほとんどない	□ 時々ある	□ よくある
（6）	物事に集中できないようだ	□ ほとんどない	□ 時々ある	□ よくある
（7）	することに間違いが多いようだ	□ ほとんどない	□ 時々ある	□ よくある
（8）	強い眠気に襲われるようだ	□ ほとんどない	□ 時々ある	□ よくある
（9）	やる気が出ないようだ	□ ほとんどない	□ 時々ある	□ よくある
（10）	へとへとのようだ(運動後を除く)※1	□ ほとんどない	□ 時々ある	□ よくある
（11）	朝起きた時、疲れが残っているようだ	□ ほとんどない	□ 時々ある	□ よくある
（12）	以前とくらべて、疲れやすいようだ	□ ほとんどない	□ 時々ある	□ よくある
（13）	食事量が減っているようだ	□ ほとんどない	□ 時々ある	□ よくある

※1　へとへと：非常に疲れて体に力がなくなったさま。

「疲労・ストレス症状」の評価 ▷ 1点 × [ ] 個 ＋ 3点 × [ ] 個 ＝ 合計 [ ] 点

2 最近1か月間の働き方と休養

ご家族について、当てはまる項目の□全てに✓を付けてください。

（1）	□	終業時刻から次の始業時刻の間にある休息時間※2が十分でない
（2）	□	休日も仕事をすることが多い
（3）	□	勤務日における時間外労働が多いようだ
（4）	□	宿泊を伴う出張が多い
（5）	□	仕事のことで悩んでいるようだ
（6）	□	睡眠時間が不足しているように見える
（7）	□	寝つきが悪かったり、夜中に目覚めたりすることが多いようだ
（8）	□	勤務時間外でも仕事のことが気にかかって仕方ないようだ
（9）	□	勤務時間外でゆっくりくつろいでいることはほとんどないようだ

※2　これを勤務間インターバルといいます。

「働き方と休養」の評価 ▷ ✓を付けた項目の数 [ ] 個

3 総合判定

次の表を用い、「疲労・ストレス症状」・「働き方と休養」のチェック結果から、
ご家族の疲労蓄積度の点数を求めてください。

ご家族から見た疲労蓄積度点数表		**2** 「働き方と休養」項目の該当個数	
		3個未満	3個以上
1 「疲労・ストレス症状」の質問に対する該当項目の合計点数	11点未満	0	1
	11点以上	1	2

※糖尿病、高血圧症等の疾患がある方の場合は判定が正しく行われない可能性があります。

ご家族の疲労蓄積度の点数 ☐ 点

	点数	疲労蓄積度
判定	0	低いと考えられる
	1	やや高いと考えられる
	2	高いと考えられる

※ご家族の評価とあなたの評価は異なっていることがあります。

ご家族の疲労が蓄積していると感じたら…？

● 労働者本人の体調が心配であることを伝え、「働き方の見直し」について話し合う。
● 労働者本人の努力や裁量権では対応が難しい場合
　⇨「上司や産業医への相談」を勧める。
● すでに疲労や体調不良が認められる場合 ⇨「医療機関への受診」を勧める。
● 会社に相談しにくい場合 ⇨「外部の相談窓口への相談」を勧める。

相談窓口

・厚生労働省　労働条件相談「ほっとライン」　☎0120-811-610
・厚生労働省　働く人の「こころの耳相談」（電話・SNS・メール）
　https://kokoro.mhlw.go.jp/agency/

・日本労働組合総連合会（連合）「なんでも労働相談ホットライン」　☎0120-154-052
・全国労働組合総連合（全労連）「労働相談ホットライン」　☎0120-378-060
・最寄りの労働基準監督署
　https://www.mhlw.go.jp/stf/seisakunitsuite/bunya/koyou_roudou/roudoukijun/location.html

こころの耳相談

最寄りの労働基準監督署

あなた（またはご家族）の疲労蓄積度はいかがでしたか？

チェックリストで判定した結果、個人の裁量で改善可能な項目については、
自分でそれらの項目の改善を行ってください。
仕事量など、個人の裁量では改善が難しい項目については、
勤務の状況を改善するよう上司や産業医等に相談してください。
かかっている疾病によって判定が正しく行われない可能性がありますが、
疲労蓄積度が高いと判定された場合は、医師などに相談してください。

労働時間の短縮によって仕事による負担が減ると、
睡眠・休養が取りやすくなることから、疲労蓄積の予防に効果的であると考えられています。
なお、仕事以外のライフスタイルに原因があって自覚症状が多い場合もありますので、
睡眠や休養などが十分にとれていない原因を見直すことも大切です。
時間外・休日労働時間が月45時間を超えていれば、労働時間の短縮を検討してください。

また、ご自身のチェックでは問題がみられなかった場合でも、
ご家族から見て疲労が蓄積しているのではないかと不安に感じていることも考えられます。
ぜひ、ご自宅に持ち帰って「家族用」のチェックリストもあわせてご活用ください。

本チェックリストは令和4年度厚生労働省補助事業「労働者の疲労蓄積度自己診断チェックリストの見直しに関する検討委員会」で調査検討を行った結果により作成されています。
(https : //www. jaish. gr. jp/td_chk/tdchk_menu.html)

〈 執筆協力 〉
5頁　佐藤 裕司（富士通㈱健康推進本部 健康事業推進統括部 主幹産業医）
6頁　久保 智英（（独）労働者健康安全機構 労働安全衛生総合研究所 上席研究員）

すぐできる！ 労働者の疲労蓄積度自己診断チェックリスト〔本人用・家族用〕
令和5年7月31日　第1版第1刷発行
編　　者　中央労働災害防止協会
発 行 者　平山 剛
発 行 所　中央労働災害防止協会
　　　　　〒108-0023　東京都港区芝浦3丁目17番12号 吾妻ビル9階
　　　　　電 話〈販 売〉03（3452）6401
　　　　　　　　〈編 集〉03（3452）6209
　　　　　ホームページ　https : //www.jisha.or.jp
印　　刷　新日本印刷株式会社
デザイン　長嶋 亜希子
イラスト　佐藤 正